Tarcila Tommasi, fsp

O Rosário

à luz da Palavra de Deus

Paulinas

Dados Internacionais de Catalogação na Publicação (CIP)
(Câmara Brasileira do Livro, SP, Brasil)

Tommasi, Tarcila
 O Rosário : à luz da palavra de Deus / Tarcila Tommasi. – 1. ed. – São Paulo : Paulinas, 2012.

 ISBN 978-85-356-3307-8

 1. Mistérios do Rosário 2. Orações 3. Rosário I. Título.

12-10721 CDD-242.74

Índices para catálogo sistemático:

1. Rosário : Orações : Cristianismo 242.74
2. Santo Rosário : Orações : Cristianismo 242.74

Citações bíblicas: *Bíblia Sagrada*. Tradução da CNBB, 11ª ed., 2011.

1ª edição – 2012
9ª reimpressão – 2025

Direção-geral: Bernadete Boff
Editora responsável: Maria Goretti de Oliveira
Coodenação de revisão: Marina Mendonça
Revisão: Ana Cecilia Mari
Gerente de produção: Felício Calegaro Neto
Assistente de arte: Ana Karina Rodrigues Caetano
Capa e diagramação: Telma Custódio

Nenhuma parte desta obra poderá ser reproduzida ou transmitida por qualquer forma e/ou quaisquer meios (eletrônico ou mecânico, incluindo fotocópia e gravação) ou arquivada em qualquer sistema ou banco de dados sem permissão escrita da Editora. Direitos reservados.

Paulinas

Rua Dona Inácia Uchoa, 62
04110-020 – São Paulo – SP (Brasil)
Tel.: (11) 2125-3500
paulinas.com.br – editora@paulinas.com.br
Telemarketing e SAC: 0800-7010081

© Pia Sociedade Filhas de São Paulo – São Paulo, 2012

Apresentação

Em suas mãos o livro tão esperado: O Rosário meditado à luz da Palavra de Deus, seguindo as reflexões do documento *Verbum Domini* (VD) sobre "A Palavra de Deus na vida e na missão da Igreja".

O Papa Bento XVI pede que se promova, entre os fiéis, as orações marianas, dizendo: "Um meio muito útil é a recitação pessoal ou comunitária do Rosário, que repercorre juntamente com Maria os mistérios da vida de Cristo" (VD, n. 88).

Para que a Palavra de Deus se concretize sempre mais na vida e na missão da Igreja, apresento esta pequena contribuição, dando oportunidade ao povo de Deus para meditar os mistérios da vida de Cristo e de Maria Santíssima, à luz da Palavra de Deus.

"Maria, que é modelo fiel de acolhimento dócil à Palavra de Deus e cuja atitude era conservar todas estas coisas meditando-as no seu coração (Lc 2,19), sabia encontrar o nexo profundo que une os acontecimentos, os atos e as realidades, aparentemente desconexos, no grande desígnio divino" (VD, n. 87).

O Rosário é uma oração contemplativa. Que através destes mistérios, meditados à luz da Palavra, você se encontre com Deus-Trindade, acompanhado por Maria, Mãe de Jesus.

Desejo-lhe boa e luminosa oração!

Como rezar o Rosário

Começa-se fazendo o sinal da cruz. Depois, reza-se o oferecimento do Rosário (p. 31). Em seguida, reza-se o Creio, um Pai-Nosso, três Ave-Marias e o Glória, em honra da Santíssima Trindade. A seguir, enuncia-se o mistério e o comentário. Após cada mistério, reza-se um Pai-Nosso, dez Ave-Marias e um Glória. Conclui-se com a Salve-Rainha e a oração de agradecimento.

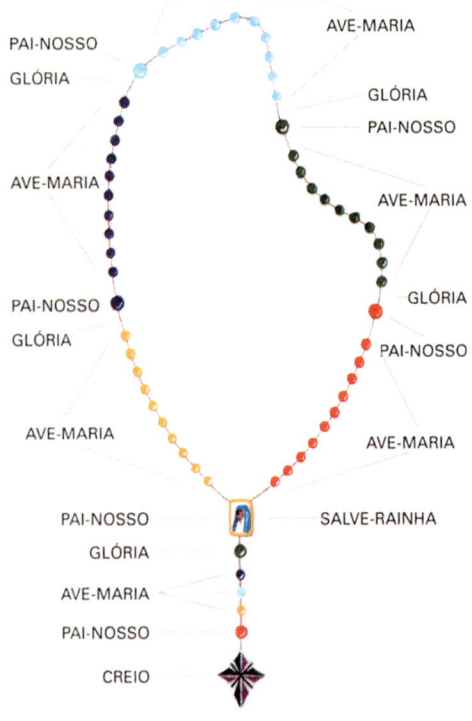

Mistérios da alegria (gozosos)

―∞―

*Rezam-se esses mistérios
às segundas-feiras e sábados.*

Primeiro mistério: Deus revela seu projeto de salvação a Maria de Nazaré (Lc 1,26-38)

Maria escuta a Palavra de Deus... Acolhe... Depois decide: "Eu sou uma simples serva do Senhor; que sua Palavra se realize em mim". O Filho de Deus nela humanizou-se, trazendo-nos a salvação (cf. VD, nn. 6 e 12).

O "sim" de Maria à Palavra de Deus iluminou de esperança toda a humanidade. Peçamos a graça da escuta à Palavra e a ela responder com nossa vida.

Segundo mistério: Maria é feliz porque vive a fé (Lc 1,39-56)

Na alegria recebida pelo anúncio da Palavra divina, Maria vai ajudar sua prima Isabel, contribuindo assim para que outros se deixem transformar pelo poder da Palavra de Deus (cf. VD, n. 124).

No cântico do Magnificat, Maria dá testemunho de como sua palavra nasce da Palavra de Deus. Ela fala e pensa com a Palavra de Deus (cf. VD, n. 28). Que nossa oração e nossas atitudes tenham sempre como inspiração a Palavra de Deus.

Terceiro mistério: e a Palavra fez-se carne e veio morar entre nós (Jo 1,14)

"Aqui a Palavra não se exprime primariamente em um discurso, em conceitos ou regras; mas vemo-nos colocados diante da própria pessoa de Jesus. A sua história, única e singular, é a palavra definitiva que Deus diz à humanidade" (VD, n. 11).

"A Palavra eterna fez-se criança para que possa ser compreendida por nós" (VD, n. 12). Peçamos a graça de valorizar e dar mais tempo à meditação da Palavra de Deus.

Quarto mistério: Maria e José levam Jesus ao Templo para consagrá-lo ao Senhor, como mandava a lei de Moisés (Lc 2,22-38)

A Lei era a vida do povo de Israel, porque "era a Palavra de Javé". Lei que vem de Deus não significa opressão, mas orientação de vida, caminho para chegar ao Senhor. No Templo eles encontram Simeão e Ana: ambos louvam a Deus e anunciam a chegada do Messias aos que encontram.

Maria e José acolhem, em silêncio, a profecia de Simeão, que prediz a vida e a missão de Jesus, como sinal de contradição para muitos e ocasião de salvação para outros. Que caminho estou seguindo?

Quinto mistério: Jesus permanece no Templo conversando com os doutores da Lei (Lc 2,41-52)

Todas as promessas de Deus, no Antigo Testamento, tornaram-se "sim" em Jesus Cristo (cf. 2Cor 1,20). "Ele realiza a vontade do Pai a todo momento; ele ouve a sua voz e obedece-lhe com todo o seu ser; ... comunica-nos as coisas do Pai" (VD, n. 12).

Disse Jesus a Maria e José: "Eu tenho que estar na casa de meu Pai" (cf. Lc 2,49). Dar um tempo à Palavra de Deus é estar, com Jesus, na Casa do Pai. Em meu dia a dia, dou espaço para esta escuta?

Mistérios da luz (luminosos)

Rezam-se esses mistérios às quintas-feiras.

Primeiro mistério: o batismo de Jesus no rio Jordão (Mt 3,13-17)

Após o batismo de Jesus, "O céu se abriu e ouviu-se uma voz que dizia: 'Este é o meu Filho amado, o meu predileto'". Pelo batismo cristão, a pessoa é sepultada com Cristo na sua morte, para ser ressuscitada e enxertada em Cristo pela água batismal (cf. Rm 6,1-11). Este sacramento nos torna filhos de Deus e, também, nos faz um apelo para que sigamos as pegadas do Mestre divino.

"Há muitos irmãos que são batizados, mas não suficientemente evangelizados" (VD, n. 96). Peçamos a graça de sermos discípulos missionários fiéis a tão grande Mestre.

Segundo mistério: a manifestação de Jesus nas bodas de Caná (Jo 2,1-11)

Maria, mãe de Jesus, percebe a falta do vinho na mesa dos convidados. Ela se solidariza com a família dos noivos e fala com Jesus, porque acredita que ele veio para que pudéssemos ter vida em abundância (cf. Jo 10,10); ela sabe também que Jesus "tem a capacidade de dialogar e responder aos problemas que enfrentamos na vida diária" (cf. VD, n. 23).

"Na Palavra de Deus encontramos resposta para as perguntas mais profundas que habitam nosso coração" (VD, n. 23). Peçamos a graça da fé que descobre como só Deus responde à sede de amor e felicidade que existe em nós (cf. VD, n. 23).

Terceiro mistério: Jesus anuncia o Reino de Deus convidando à conversão (Mc 1,14-15)

"Jesus proclamava esta boa notícia: O reinado de Deus está próximo: arrependei-vos e crede no Evangelho". E "Ele passava de cidade em cidade fazendo o bem" (cf. At 10,38).

Existe uma ligação entre a escuta da Palavra de Deus e o serviço desinteressado aos irmãos. Peçamos a graça de compreender a necessidade de traduzir em gestos de amor a palavra escutada, porque só assim se torna credível o anúncio do Evangelho, apesar das fragilidades humanas que marcam as pessoas (cf. VD, n. 103).

Quarto mistério: a transfiguração de Jesus (Lc 9,28-35)

O Messias deveria ser reconhecível, identificável. Enquanto Jesus ora, sobre o monte, a glória de Deus se manifesta nele e lhe transfigura luminosamente o rosto e as vestes. E uma voz vinda da nuvem dizia: "Este é meu Filho amado. Escutai-o".

Em Jesus nos encontramos com a "Palavra definitiva de Deus; ele é a palavra viva confiada à humanidade... E já nada mais tem para dizer" (cf. VD, n. 14).

Em consequência, nossa única atitude é a escuta de Jesus, "porque buscar fora dele outra revelação ou novidade, seria cometer um agravo a Deus" (VD, n. 14).

Quinto mistério: instituição da Eucaristia (Mt 26,26-29)

Durante a sua última ceia pascal, Jesus institui a Eucaristia: Cristo se faz alimento com seu corpo e sangue sob os sinais do pão e do vinho. Jesus manifesta-se como a Palavra da nova e eterna aliança, estabelecida no seu sangue derramado, como o verdadeiro cordeiro imolado, no qual se realiza a definitiva libertação da escravidão (cf. VD, n. 12).

Nós cremos que Jesus está presente nas espécies do pão e do vinho, após a consagração na celebração eucarística; de modo semelhante Cristo está presente na Palavra proclamada na liturgia. Peçamos a graça de escutar, com atenção, a explicação dominical das leituras bíblicas.

Mistérios da dor (dolorosos)

—∞—

*Rezam-se esse mistérios
às terças e sextas-feiras.*

Primeiro mistério: agonia de Jesus no Horto das Oliveiras (Lc 22,39-46)

A dor do inocente não é compreendida nem mesmo pelos amigos mais próximos. Mas o Pai acompanha, em silêncio, o sofrimento do Filho. E a resposta de Jesus é a oração: "Pai, se for possível, afasta de mim este cálice. Porém, não se faça a minha vontade, mas a tua".

A força do amor sustenta Jesus na aceitação do sofrimento. Peçamos a graça de, no encontro com a Palavra de Deus, sermos ajudados a "considerar a vida humana digna de ser vivida plenamente, mesmo quando está debilitada pelo mal" (VD, n. 106).

Segundo mistério: a flagelação de Jesus (Mt 27,24-26)

Jesus é amarrado a uma coluna e chicoteado. Ele se solidariza com a dor humana até o extremo do sofrimento. Em Jesus o sofrimento recebe um significado redentor, porque ele está unido à fonte do amor, que é o coração misericordioso do Pai.

Nos momentos de dor, ninguém pode dizer que sofre sozinho. Nas horas difíceis, unamo-nos a Jesus e peçamo-lhe a força e a serenidade do amor.

Terceiro mistério: Jesus é coroado de espinhos (Mt 27,27-31)

Despiram-no... Colocaram sobre sua cabeça uma coroa de espinhos. A atitude de Jesus revela-nos sua confiança no Pai, que está presente e age na hora certa. O anúncio da Palavra de Deus requer o testemunho da própria vida. Jesus Cristo é a testemunha fiel e verdadeira (cf. VD, n. 98).

"Não se pode usar a violência em nome de Deus, nem mesmo para justificar a intolerância ou as guerras" (cf. VD, n. 102). Peçamos a graça de sermos conciliadores em nossa família, como também pessoas de paz na convivência com o próximo.

Quarto mistério: a subida dolorosa ao Calvário (Lc 23,26-31)

Jesus recebe a cruz e a carrega até o Calvário. Ele não aceitou a cruz, simplesmente pela cruz, mas viveu o "espírito" que faz evitar que a cruz sobrevenha a nós e aos outros. O que é redentor em Jesus é sua atitude de amor, de perdão e de entrega para a salvação da humanidade, mais que a cruz e a morte em si mesmas.

Enquanto rezamos este mistério, olhemos para o crucifixo meditando em seu amor, sua doação e seu perdão.

Quinto mistério: a morte de Jesus (Lc 23,33-46)

Com voz forte, Jesus exclamou: "Pai, em vossas mãos entrego meu espírito. Dizendo isto, expirou". Através das chagas abertas de Cristo, Deus derramou sobre nós sua vida divina, sua misericórdia, a fim de que cheguemos à vida nova nele. Por meio de nossa história "muitos irmãos e irmãs... deram a vida para comunicar a verdade do amor de Deus que nos foi revelado em Cristo crucificado e ressuscitado" (VD, n. 98).

Peçamos a graça de reconhecer quanto Jesus nos ama e, também, de entender que a morte é a passagem para a grande Luz nos braços do Pai; é o mergulho na misericórdia de Deus.

Mistérios da glória (gloriosos)

Rezam-se esses mistérios às quartas-feiras e aos domingos.

Primeiro mistério: a ressurreição de Jesus (Lc 24,1-7)

A ressurreição de Jesus é a verdade suprema de nossa fé. Cristo, Palavra de Deus encarnada, crucificada e ressuscitada, é Senhor de todas as coisas; é o vencedor. E a Palavra que ressuscita é a luz de que necessitamos para nossos caminhos (cf. VD, n. 12).

Peçamos a graça da fé em Jesus, Filho de Deus, que testemunha a fidelidade do Pai, ressuscitando-o dos mortos.

Segundo mistério: a ascensão de Jesus ao céu (Mt 28,16-20)

"Ide fazer discípulos entre todas as nações", recomendou Jesus, ao despedir-se dos seus. Eles então partiram para evangelizar, convencidos de que, na Palavra de Deus, tinham escutado, visto e tocado o Verbo da Vida (cf. Jo 1,1-3).

Como cristãos "precisamos descobrir, cada vez mais, a urgência e a beleza de anunciar a Palavra para a vinda do Reino de Deus, que o próprio Cristo pregou" (VD, n. 93).

Peçamos a graça de participar da missão de Cristo, evangelizando com a Palavra que ilumina, purifica e converte: nós somos servidores da Palavra (cf. VD, n. 93).

Terceiro mistério: a vinda do Espírito Santo (At 2,1-13)

"Na Igreja há também um Pentecostes ainda a caminho..." (cf. VD, n.

4). "De fato, não é possível uma compreensão autêntica da revelação cristã fora da ação do Paráclito" (VD, n. 15). É também o mesmo Espírito de Deus que habilita a nossa vida para o anúncio da Palavra em todo o mundo.

Na sua essência, a Igreja é missionária. Não podemos guardar para nós as palavras de vida eterna que recebemos...

Peçamos ao Senhor que nos faça sentir a responsabilidade de transmitir aquilo que recebemos (cf. VD, n. 91).

Quarto mistério: a assunção de Nossa Senhora ao céu (cf. Jt 14,7)

Maria, a mãe de Jesus, entregou sua vida a Deus, a quem foi sempre fiel na vivência da Palavra. Ela, já em vida, foi proclamada por Jesus como a pessoa feliz, porque acolheu e colocou em prática a Palavra de Deus (cf. Lc 11,28).

Peçamos a graça de Deus para que nosso relacionamento com ele provenha de nossa familiaridade com a Palavra divina (cf. VD, n. 124).

Quinto mistério: a coroação de Nossa Senhora no céu (cf. Ap 12,1)

"É necessário que os fiéis sejam ajudados a descobrir melhor a ligação entre Maria de Nazaré e a escuta crente da Palavra divina. [...] Maria é a figura da Igreja à escuta da Palavra de Deus que nela se fez carne... Maria é também o símbolo da abertura a Deus e aos outros; escuta ativa, que interioriza, assimila, na qual a Palavra se torna forma de vida" (VD, n. 27).

Peçamos, pela intercessão de Maria, que nossas palavras também sejam um eco das Palavras de Jesus e do seu amor.

Orações

Oferecimento do Rosário

Divino Jesus, nós vos oferecemos este Rosário que vamos rezar, contemplando os mistérios de nossa redenção. Concedei-nos, pela intercessão de Maria, vossa Mãe Santíssima, a quem nos dirigimos, as virtudes que nos são necessárias para bem rezá-lo e as graças que nos vêm desta santa devoção.

Creio

Creio em Deus Pai todo-poderoso, criador do céu e da terra. E em Jesus

Cristo, seu único Filho, nosso Senhor, que foi concebido pelo poder do Espírito Santo; nasceu da Virgem Maria; padeceu sob Pôncio Pilatos, foi crucificado, morto e sepultado; desceu à mansão dos mortos; ressuscitou ao terceiro dia; subiu aos céus, está sentado à direita de Deus Pai todo-poderoso, donde há de vir a julgar os vivos e os mortos. Creio no Espírito Santo, na santa Igreja Católica, na comunhão dos santos, na remissão dos pecados, na ressurreição da carne, na vida eterna. Amém.

Pai-Nosso

Pai nosso que estais no céu, santificado seja o vosso nome; venha a nós o vosso Reino, seja feita a vossa vontade, assim na terra como no céu; o pão nosso de cada dia nos dai hoje, perdoai-nos as nossas ofensas, assim como nós perdoamos a quem nos tem ofendido, e não nos deixeis cair em tentação, mas livrai-nos do mal. Amém.

Ave-Maria

Ave, Maria, cheia de graça, o Senhor é convosco; bendita sois vós entre as mulheres e bendito é o fruto do vosso ventre, Jesus. Santa Maria, Mãe de Deus, rogai por nós, pecadores, agora e na hora da nossa morte. Amém.

Glória

Glória ao Pai, e ao Filho e ao Espírito Santo. Como era no princípio, agora e sempre. Amém.

Oração de agradecimento

Graças vos damos, soberana Rainha, pelos benefícios que todos os dias recebemos de vossas mãos. Dignai-vos, agora e para sempre, tomar-nos debaixo de vosso poderoso amparo, e para mais vos obrigar, saudamo-vos com uma Salve-Rainha.

Salve-Rainha

Salve, Rainha, mãe de misericórdia, vida, doçura e esperança nossa, salve! A vós bradamos os degredados filhos de Eva, a vós suspiramos, gemendo e chorando neste vale de lágrimas. Eia, pois, advogada nossa, esses vossos olhos misericordiosos a nós volvei, e depois deste desterro mostrai-nos Jesus, bendito fruto do vosso ventre, ó clemente, ó piedosa, ó doce sempre Virgem Maria.

Ladainha de Nossa Senhora

Senhor, tende piedade de nós.
Cristo, tende piedade de nós.
Senhor tende piedade de nós.
Jesus Cristo, ouvi-nos.
Jesus Cristo, atendei-nos.
Deus Pai dos céus, tende piedade de nós.
Deus Filho, redentor do mundo, tende piedade de nós.
Deus Espírito Santo, tende piedade de nós.
Santíssima Trindade, que sois um só Deus, tende piedade de nós.

Santa Maria, rogai por nós.
Santa Mãe de Deus, rogai por nós.
Santa virgem das virgens, rogai por nós.

Mãe de Jesus Cristo, rogai por nós.
Mãe da divina graça, rogai por nós.
Mãe puríssima, rogai por nós.
Mãe castíssima, rogai por nós.
Mãe imaculada, rogai por nós.
Mãe intacta, rogai por nós.
Mãe amável, rogai por nós.
Mãe admirável, rogai por nós.
Mãe do bom conselho, rogai por nós.
Mãe do Criador, rogai por nós.
Mãe do Salvador, rogai por nós.
Mãe da Igreja, rogai por nós.
Virgem prudentíssima, rogai por nós.
Virgem venerável, rogai por nós.
Virgem louvável, rogai por nós.
Virgem poderosa, rogai por nós.
Virgem benigna, rogai por nós.
Virgem fiel, rogai por nós.
Espelho de justiça, rogai por nós.
Sede da sabedoria, rogai por nós.
Causa da nossa alegria, rogai por nós.

Vaso espiritual, rogai por nós.
Vaso honorífico, rogai por nós.
Vaso insigne de devoção, rogai por nós.
Rosa mística, rogai por nós.
Torre de Davi, rogai por nós.
Torre de marfim, rogai por nós.
Casa de ouro, rogai por nós.
Arca da Aliança, rogai por nós.
Porta do céu, rogai por nós.
Estrela da manhã, rogai por nós.
Saúde dos enfermos, rogai por nós.
Refúgio dos pecadores, rogai por nós.
Consoladora dos aflitos, rogai por nós.
Auxílio dos cristãos, rogai por nós.
Rainha dos anjos, rogai por nós.
Rainha dos Patriarcas, rogai por nós.
Rainha dos Profetas, rogai por nós.
Rainha dos Apóstolos, rogai por nós.
Rainha dos Mártires, rogai por nós.
Rainha dos Confessores, rogai por nós.
Rainha das Virgens, rogai por nós.

Rainha de todos os santos, rogai por nós.
Rainha concebida sem pecado original, rogai por nós.
Rainha assunta ao céu, rogai por nós.
Rainha do santíssimo Rosário, rogai por nós.
Rainha da paz, rogai por nós.

Cordeiro de Deus que tirais o pecado do mundo, perdoai-nos, Senhor.
Cordeiro de Deus que tirais o pecado do mundo, ouvi-nos, Senhor.
Cordeiro de Deus que tirais o pecado do mundo, tende piedade de nós.

Rogai por nós, santa Mãe de Deus, para que sejamos dignos das promessas de Cristo.

Oremos: Jesus, nós vos agradecemos porque nos destes Maria como mãe. Maria, nós vos agradecemos porque destes à humanidade Jesus Cristo Mestre, Caminho, Verdade e Vida, e porque nos aceitastes como vossos filhos. Cheios de confiança, colocamos em vossas mãos as necessidades, os sofrimentos e as alegrias de nossa família e do nosso povo. Acolhei-nos e abençoai-nos, ó Mãe e protetora nossa, agora e para sempre. Amém.

Oração de louvor à Palavra de Deus

―⸺―

A Palavra de Deus é sagrada porque brota da Fonte divina.

A Palavra de Deus traz a boa notícia que salva.

A Palavra de Deus ilumina os caminhos da nossa vida.

A Palavra de Deus é força que vem do poder divino.

A Palavra de Deus é fermento que faz crescer as virtudes cristãs.

A Palavra de Deus nos liberta das prisões do egoísmo.

A Palavra de Deus é a porta para o encontro com o próprio Deus.

A Palavra de Deus é fonte de vida e salvação.

A Palavra de Deus é a segurança da verdade que salva.

A Palavra de Deus é o elo de unidade para o povo de Deus.

A Palavra de Deus nos orienta na realização dos desígnios divinos.

A Palavra de Deus nos ajuda a descobrir o Deus misericordioso.

A Palavra de Deus é eterna, jamais passará.

A Palavra de Deus é o próprio Deus que nos fala ao coração.

A Palavra de Deus é viva e eficaz para aquele que acredita.

A Palavra de Deus é pão que alimenta a quem tem fome da verdade.

A Palavra de Deus é sabedoria para quem busca o bem e a justiça.

A Palavra de Deus ajuda a viver em conversão contínua.

A Palavra de Deus sustenta a quem tem fome de amor.

A Palavra de Deus é a semente do bem.

A Palavra de Deus é poderosa para curar os enfermos.

A Palavra de Deus pode sanar nossos traumas mais profundos.

A Palavra de Deus é um tesouro de inestimável valor.

A Palavra de Deus é como um amigo certo nas horas incertas da vida.

A Palavra de Deus é o mestre que forma o discípulo-missionário.

A Palavra de Deus acompanha a história humana:

– a voz da Palavra: a Revelação,

– o rosto da Palavra: Jesus Cristo,

– a casa da Palavra: a Igreja,

– o caminho da Palavra: a missão.

Quem acolhe a Palavra de Deus acolhe o próprio Deus.

Quem acolhe a Palavra de Deus coloca seus dons a serviço do próximo.

Mensagem final

Sejamos não só conhecedores, mas praticantes da Palavra de Deus. Este é o maior investimento que dá sentido e valor à vida humana.

Todo cristão é convidado a ser a extensão viva da Palavra de Deus. Que a Palavra de Deus seja ponto de referência e de apoio em seu caminho!

Sumário

Apresentação 3

Como rezar o Rosário 5

Mistérios da alegria (gozosos) 7

Mistérios da luz (luminosos) 13

Mistérios da dor (dolorosos) 19

Mistérios da glória (gloriosos) 25

Orações 31
    Oferecimento do Rosário 31
    Creio 31
    Pai-Nosso 32
    Ave-Maria 33
    Glória 33
    Oração de agradecimento 34
    Salve-Rainha 34
    Ladainha de Nossa Senhora 35

Oração de louvor à Palavra de Deus 41

Mensagem final 45

Paulinas

Rua Dona Inácia Uchoa, 62
04110-020 – São Paulo – SP (Brasil)
Tel.: (11) 2125-3500
paulinas.com.br – editora@paulinas.com.br
Telemarketing e SAC: 0800-7010081